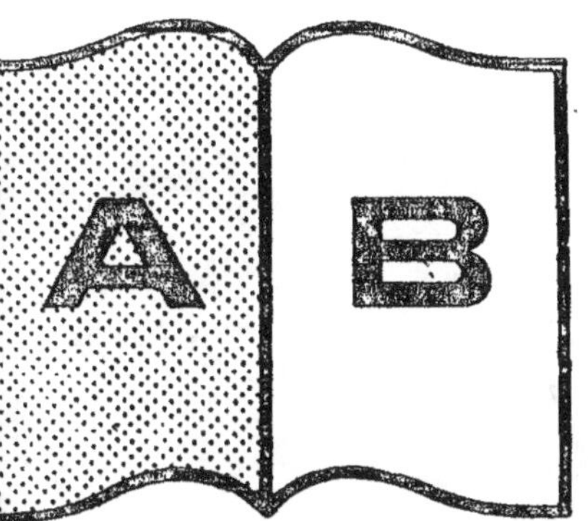

Contraste insuffisant
NF Z 43-120-14

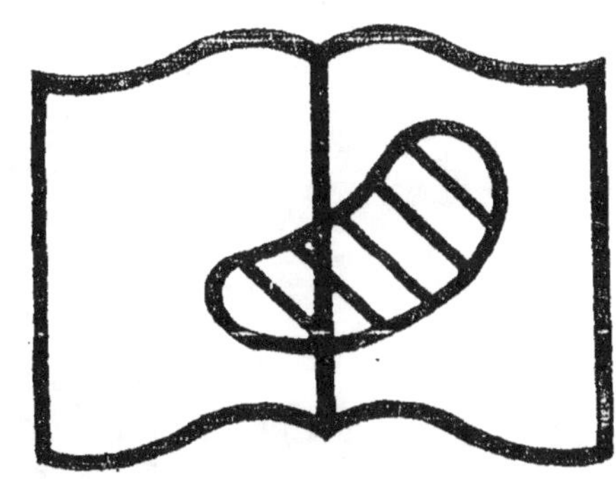

Illisibilité partielle

VALABLE POUR TOUT OU PARTIE DU
DOCUMENT REPRODUIT.

Couvertures supérieure et inférieure
en couleur

Baron Os. de WATTEVILLE

ÉTUDE

sur les

DEVISES PERSONNELLES

et les

DICTONS POPULAIRES

Extrait de la *Revue de la France Moderne*

PARIS

IMPRIMERIE CHARLES SCHLAEBER

257, rue Saint-Honoré, 257

1888

OUVRAGES DU MÊME AUTEUR

RAPPORT DU JURY INTERNATIONAL (Exposition de 1867) ; globes, cartes, appareils pour l'enseignement de la géographie, in-8°, Paul Dupont, 1867 (*épuisé*).

RAPPORT SUR LES BIBLIOTHÈQUES SCOLAIRES, depuis l'origine jusqu'en 1866. Imprimerie impériale, in-8°, 1867.

RAPPORT AU MINISTRE DE L'INSTRUCTION PUBLIQUE sur la collection des documents inédits de l'histoire de France et sur les actes du Comité des travaux historiques, in-4°. Imprimerie nationale, 1874.

RAPPORT AU MINISTRE DE L'INSTRUCTION PUBLIQUE sur le service des missions et voyages scientifiques en 1875, in-8°. Imprimerie nationale, 1875 (*épuisé*).

RAPPORT AU MINISTRE DE L'INSTRUCTION PUBLIQUE sur le service des missions et voyages scientifiques en 1876, in-8°. Imprimerie nationale, 1877 (*épuisé*).

RAPPORT AU MINISTRE DE L'INSTRUCTION PUBLIQUE sur l'emploi de la photographie dans les établissements scientifiques et littéraires dépendant du Ministère, in-4°. Imprimerie nationale, 1877.

RAPPORT AU MINISTRE DE L'INSTRUCTION PUBLIQUE sur le muséum ethnographique des Missions scientifiques, in-8°. Imprimerie nationale, 1877 (*épuisé*).

RAPPORT A M. BARDOUX, ministre de l'Instruction publique, sur le service des Bibliothèques scolaires (1865-1877), in-8°. Paris, Imprimerie nationale, 1879.

RAPPORT ADMINISTRATIF SUR L'EXPOSITION SPÉCIALE DU MINISTÈRE DE L'INSTRUCTION PUBLIQUE à l'Exposition universelle de 1878, in-8°. Paris, Hachette et Cie, 1886.

RÉSUMÉ DES PRINCIPES DE LA SCIENCE HÉRALDIQUE in-12° (avec planches), Paris, Didot, 1857 (*épuisé*).

BARON Os. DE WATTEVILLE

ÉTUDE

SUR LES

DEVISES PERSONNELLES

ET LES

DICTONS POPULAIRES

Extrait de la Revue de la France Moderne

PARIS

IMPRIMERIE CHARLES SCHLAEBER

257, rue Saint-Honoré, 257

1888

LES
HOMMES CÉLÈBRES

JUGÉS PAR LEURS DEVISES PERSONNELLES

I

Depuis le XVIᵉ siècle jusqu'à nos jours l'attention des érudits d'une
part, celle des gens du monde de l'autre, a été attirée par l'étude des
devises (1). Non seulement on a recherché attentivement ces devises héréditaires de la noblesse, orgueilleux complément des armoiries, mais encore on a réuni avec un soin pieux toutes celles qui,
étant *personnelles*, ont été choisies avec discernement par des hommes célèbres ou simplement connus, pour décrire en peu de mots,
ou leur caractère, ou l'état de leur âme, ou pour rappeler quelque épisode illustre de leur existence.

La devise en effet, par sa concision, sa netteté, sa forme *lapidaire*,
se prête mieux que de longs discours à résumer d'un trait la biogra-
phie d'un homme. — Saint-Simon avec tout son génie aurait-il pu
mieux dépeindre notre redoutable adversaire de l'année terrible, le
feld-maréchal de Moltke, et son caractère froid, déterminé, que sa
devise : *Erst wægen, dann wagen*, (d'abord peser, puis oser)? À cette
devise, joignez la devise pieuse de l'empereur Guillaume : *Gott mit
uns* (2) (Dieu avec nous), et celle du prince de Bismarck : *In trinitate*

---

(1) Le plus ancien traité connu est du commencement du XVIᵉ siècle : *Alciati Em-
blematum liber ; Augustæ Vindelicorum*, 1531, un vol. in-8°; les plus récents sont :
Chassant et Tausin : Dictionnaire des devises. — 3 vol. in-12, Paris 1878 ; X.,
Wahl und Wappensprüche. — un vol. in-8°, Berlin 1880 ; *Dielitz : Die Wahl und
Denksprüche*. — un vol. in-4°. Francfort-sur-le-Mein, 1884. Ce dernier recueil, à
lui seul, donne plus de 14,000 devises.

(2) A rapprocher du cri de guerre des soldats prussiens : *Vorwærts mit Gott, für
König und Vaterland* : — En avant, avec Dieu, pour le Roi et la Patrie !

robur, (la force dans la trinité), et l'on aura alors sous les yeux, en effet, cette redoutable trinité de l'intelligence, de la foi, de la force ; de cette force qui prime le droit, a dit le prince de Bismarck, tandis qu'un des plus grands diplomates du XIX° siècle, le prince de Metternich aurait pu lui répondre, lui : *Kraft im Recht,* (la force, elle est dans le droit). A rapprocher de ces devises celle de Tamerlan. Le sauvage conquérant de la moitié du monde avait pris ces mots : *Rasti, Rousti,* (mon droit, ma force), mais il laissait dans le doute s'ils signifiaient.mon droit est dans ma force, ou, ma force est dans mon droit !

L'œuvre de la force c'est à l'avenir de la juger ; M. de Bismarck pourra-t-il dire, comme notre grand ministre le cardinal de Richelieu : *His fulta manebunt,* (mon appui leur restera,... après ma mort !)

Malgré mon goût pour les devises, il faut reconnaître que quelques-unes indiquent plutôt le désir que le fait, et peuvent rentrer dans la catégorie des *devises de prétention,* comme disaient les hérauts d'arme. Telle est la plus connue de toutes : *Dieu et mon droit,* prise en 1340 par Edouard III d'Angleterre, lorsque, par les armes, il revendiquait le trône de France, sur lequel cependant il n'avait aucun droit. Donc, devise de prétention également, comme pourraient l'affirmer la reine Victoria, le parlement anglais, le roi Louis-Philippe et bien d'autres, la devise de l'irascible lord Palmerston : *Flecti non frangi,* (plier et non pas rompre).Devise de prétention encore celle de Thomas Cromwell, un des ancêtres du Lord Protecteur, le plus servile des ministres de Henry VIII et qui du reste fut décapité par ordre de ce monarque : *Feray Devoir.—* Mais quant au Lord Protecteur lui-même, que de désillusions dans celle qu'il avait choisie : *Mors meta laborum,* (la mort est le but de nos travaux). De ces travaux eux-mêmes bientôt il ne restait plus rien, car Monk arrive, rétablit les Stuarts sur leur trône, et prend, lui, pour devise : *Fortiter, Fideliter, Feliciter !* (Fortement, fidèlement, heureusement !)

A ces prétentions opposons la réalité vraie.Qui pourrait protester contre la devise, à la fois humble et fière, du duc de Persigny : *Je sers?* — contre les deux devises du Ministre et Grand Maître de l'artillerie de Henri IV, Sully, dont l'une avait pour corps (1) un miroir ardent et pour âme : *Ardeo ubi aspicior* (je brûle quand il — Henri IV — se tourne vers moi); l'autre, un aigle portant la foudre : *Quo jussa Jovis* (où ordonne Jupiter). Avant lui le plus illustre d'une illustre maison, le grand Connétable Anne de Montmorency,

---

(1) On appelle *corps* d'une devise la figure, l'emblème, le dessin, et l'âme, les mots qui accompagnent le corps. « La figure seule ne fait qu'un symbole hiéroglyphique, et les paroles seules ne font qu'une sentence : il faut une figure et des paroles pour faire une *vraie devise* ». (P. Bouhours, Entretiens d'Ariste et d'Eugène. Amsterdam in-12 1682).

resté fidèle à sa foi, à son roi, au milieu des troubles politiques et religieux de la Réforme, avait choisi le mot grec *Ar...os* (sans varier) comme emblème de ses inébranlables convicti...s.

Vraie encore cette devise latine de l'Ambassadeur de Russie le Comte Orloff, le glorieux blessé de Sébastopol, qui a laissé tant de regrets parmi nous : *Fortitudine et conscientia* (par la vaillance et la conscience !). ou sa devise russe *Slusboju à chrabrostiju* — par le mérite et la vaillance.

M. de Villèle, un des hommes d'Etat les plus distingués de la restauration, fut à ses débuts le membre le plus fougueux de la Chambre dite des « Introuvables ». Malgré son ardeur, il avait la devise modérée : *Tout vient à point à qui peut attendre.*

Mais avant de quitter les Ministres, rappelons en souriant le jeu de mots de Jacques Cœur, le Ministre de Charles VII : *A cœur vaillant rien d'impossible*, et arrêtons-nous quelques instants, à titre de curiosité, sur la très nombreuse famille de Hohenlohe (1) si riche en hommes d'Etat. Nulle part l'amour des devises n'a été poussé aussi loin ; recueillies par un des membres de cette maison, elles forment à elles seules un volume entier (2).

La devise générale de la famille, devise qui fait allusion au Phénix qui figure sur le cimier d'un de ses casques et sur une des bannières qui entourent l'écusson, est : *Ex flammis orior* (Je nais des flammes). Mais presque tous les membres de cette famille ont choisi une devise particulière, presque toujours en français ; car si les Hohenlohe n'ont jamais professé l'amour de la France, ce qui est naturel, ils ont toujours témoigné une tendresse aussi extraordinaire que malheureuse pour la poésie française. Je me bornerai à donner quelques spécimens de cette passion, spécimens choisis absolument au hasard.

Le Comte Henry, mort en 1699 :

> Mets ta vie pour ton honneur,
> Et tous deux pour ton créateur.

Wolfgang-Frédéric, mort en 1658 :

> Si ton honneur tu veux entretenir
> Ne promets rien sans le vouloir tenir.

---

(1) Voici les principales branches de cette maison :
Princes Hohenlohe-Barstein-Joxtberg (Wurtemberg).
Princes Hohenlohe-Kirchberg (Wurtemberg, Autriche).
Princes Hohenlohe-Langenburg (Wurtemberg).
Princes Hohenlohe-Neuenstein   (id.)
Princes Hohenlohe-Oeringen   (id.) et Ducs d'Ujest en 1861 (Silésie).
Enfin Princes Hohenlohe-Waldenburg-Schillingsfurst (Wurtemberg) Ducs de Ratibor.

(2) *Hohenlosche Mottos und Devizen*, par le Prince de Hohenlohe-Waldenburg ; in 8°, Heilbronn 1881.

Joachim Albert, mort en 1656 :

> Honneur pour but, vertu pour guide.

Marie, morte en 1668 :

> La fortune me montre les tours de son inconstance,
> Mais je serai toujours armé de patience.

Gustave, mort en 1697 :

> Pour parvenir j'endure,
> En endurant le temps me dure.
> Quand je pourrai et Dieu voudra,
> Ce que je désire m'adviendra !

Wolfgang, né en 1611 :

> L'œil et l'honneur craignent la touche !

Enfin, citons cette vérité incontestable, émise par Moritz-Frédéric, mort en 1646 :

> Sur un bon fondement
> On fait un bon bâtiment.

Après cette dernière, tirons l'échelle et revenons à des devises ayant une portée plus sérieuse.

Parmi les plus connues, je ne dis pas les plus popu'aires, on peut citer celles prises par Louis XIV et par Charles-Quint. Ce dernier avait adopté les Colonnes d'Hercule (dont l'une, suivant la tradition, était en Espagne) surmontées d'une couronne impériale avec tantôt la devise latine : *Plus ultra*, tantôt la française : *plus oultre*, « voulant ainsi témo'gner ses conquêtes et desseins pour l'Afrique et les Indes ». (Le P. Anselme).

Quant à Louis XIV, dans ses palais, sur ses médailles, sur ses drapeaux s'étalait l'orgueilleuse devise, dont le corps était le soleil rayonnant, dont l'âme était les mots : *Nec pluribus Impar*. Le sens de ces mots n'est pas des plus clairs : il faut d'abord sous-entendre le mot *solibus*, et ils signifient alors, *non inférieur à plusieurs soleils*. Mais le sens que le *Roi soleil*, comme l'appelaient ses contemporains, attachait à cette phrase est : Au-dessus de tous comme le soleil !

N'oublions pas Louis XII avec son porc-épic lançant ses piquants : *Cominus et Eminus*, de près et de loin ! ni François Ier avec sa sa'amandre couchée sur les flammes, ayant la tête couronnée et tournée vers le ciel, avec ces mots : *Nutrisco et extinguo* (Je m'en nourris et je les éteins), allusions à l'histoire naturelle fantastique que l'on trouve dans les Bestiaires du moyen âge.

Bien souvent les devises ont résumé par quelques mots toute une situation politique. Au XVIe siècle, Henri II, en rappelant son amour pour Diane de Poitiers, qui avait pris le croissant de Diane comme emblème, et voulant en même temps proclamer ses visées ambitieuses, adopte lui aussi le croissant avec ces mots: *Donec totum impleat orbem,* (en attendant qu'il remplisse le monde). Aussitôt son adversaire, le roi des Espagnes (comme on disait alors), aussitôt Philippe II prend pour corps le soleil levant et pour âme : *Jam illustrabit omnia,* (bientôt il éclairera toutes choses).

Au XV° siècle, dans la sanglante lutte des Bourguignons, guidés par le duc Jean sans Peur, contre les Armagnacs, ayant pour chef le duc Louis d'Orléans, ce dernier prit pour emblème le bâton noueux, avec ces paroles de défi : *Je l'envie* (1). Jean sans Peur lui répond par l'emblème du rabot avec ces mots flamands (il était Duc de Flandres) *Hic Houde* (je le tiens), pour indiquer qu'il aplanirait les nœuds du bâton de son ennemi. L'emblème fut vite compris de tous, et le peuple de Paris, dévoué à la cause de Bourgogne, s'en allait criant :

> Vive Bourgogne et Saint-Rabot,
> Qui bien besongne et ne dit mot !

Saint Rabot rappelle terriblement la sainte guillotine de 1793. Mais aussi que d'analogie entre les massacres de la Terreur et ceux des Cabochiens en 1413 !

C'étaient de rudes hommes que ces ducs de Bourgogne, aussi rudes dans leur conduite que dans leurs devises. *Je l'ay emprins, bien en adviegne !* était celle de Charles le Téméraire, et pour montrer comme il l'avait « *emprins* » il ajoutait : *Ainsi je frappe !* Et cependant ce farouche en avait une troisième encore et plus plaisante : *De bien boire soit mémoire* (2) ! Ne fait-elle pas un effet singulier au milieu de ces défis, de ces appels à la lutte ou aux meurtres ?

D'un effet plus singulier encore celle du seul de la race qui a mérité le surnom de bon. Lorsqu'en 1429, Philippe le Bon épousa sa troisième femme, Isabelle de Portugal, il prit probablement la louable résolution de fermer le cycle de ses nombreuses épousailles. Aussi :

> *Aultre n'aray*
> *Dame Ysabeau tant que vivray !*

devint sa devise. Celle que prit saint Louis lors de son mariage en 1234 avec Marguerite de Provence est plus touchante.

Il fit faire une bague « entrelacée d'une guirlande de lys et de « marguerites, pour faire allusion à son nom et à celuy de la « Reine et, mettant sur le chaton de cet anneau l'image d'un cru- « cifix gravé sur un saphyr, il l'accompagna de ces mots : *Hors cet* « *annel pourrions avoir amour* (3) » (Le P. Menestrier). C'est bien là l'amour dans le mariage tel que l'a dépeint Guizot, dont la devise était : *Linea recta brevissima* (la ligne droite est la plus courte), droite comme le pal qui figure dans ses armes.

---

(1) Le verbe envier a changé de sens depuis le XV° siècle, mais il nous reste dans la langue moderne, comme terme de jeu, en conservant le sens primitif. Envier, dit Littré, signifie jouer pour voir qui aura le point le plus haut.

(2) Cette devise se trouve sur des jetons de Charles le Téméraire.

(3) La même inscription était répétée sur l'agrafe du manteau royal.

Est-il question de mariage avec Jean de Médicis : *E che non puote amore?* (Que ne peut l'amour?) Avec Ninon de Lenclos qui prit une girouette entre quatre vents, avec ces mots en espagnol, (l'espagnol était fort à la mode alors) : *No mudo, si non mudan* (je ne change s'ils ne changent). On peut en douter.

Dans la charmante devise du comte d'Estaing, dont le corps est une corbeille de lys et de roses, dont l'âme : *Tout pour eux, tout pour elles*, il ne faut voir que la plus délicate et la plus galante allusion à son dévouement au roi Louis XVI et à la reine Marie-Antoinette.

Mais, comme on disait au XVIII° siècle, laissons Vénus et revenons à Mars.

Le général Loris Melikoff s'élance contre les Turcs : *S Woiae za bratiew po Christu* (dans le combat pour les frères en Christ) Moins enthousiaste est le Ban Jellachich de Buzim, le vainqueur de la révolution autrichienne de 1848 : *Sto Bogdate i sreca Junacka* (ce que Dieu donne est la fortune du soldat) devint sa devise, après ses succès. Il y a plus d'entrain dans notre vieux dicton du XVI° siècle :

> De charron soldat,
> De soldat gentilhomme.
> Et puis marquis
> Si Fortune en dit.

A la suite de ses exploits héroïques, Louis XIV anoblit Duguay-Trouin en 1709 et l'autorisa à porter deux des fleurs de lys de France. Duguay prit cette devise : *Dedit hoc insignia virtus* (mon courage m'a donné ces insignes). Elle est plus laconique, moins emphatique que la devise à peu près semblable des Mendoça-Cortina (Espagne) : *Estas armas que aqui veis, hijas legitimas son de las batallas ganadas al Rey moro de Leon* — (Ces armes que tu vois ici, sont les filles légitimes des batailles gagnées sur le roi more de Léon).

Le maréchal Bugeaud conquiert et pacifie l'Algérie *Ense et aratro*, par l'épée et par la charrue. Le général Cousin de Montauban, créé comte de Palikao par l'Empereur, triomphe des Chinois et il voue ses succès : *Deo, imperatori, patriæ*, à Dieu, à l'Empereur, à la patrie, tandis que le grand Vendéen Cathelineau prend son cri de guerre : *Dieu et le roi !*

La famille de La Rochejaquelein, elle a conservé les paroles du plus célèbre de ses membres, celles qu'en 1794 il adressait à ses gars :

> Si j'avance suivez-moi !
> Si je fuis tuez-moi !
> Si je meurs vengez-moi

Ce n'est pas dans ses succès militaires que le maréchal de Villeroy a cherché sa devise. Mais il fut gouverneur de Louis XV, aussi malheureux gouverneur que malheureux maréchal, ce qui ne l'empêcha pas d'affirmer : *J'ai réglé qui nous règle !*

Un guerrier redoutable, qui joua un rôle important dans les guerres d'Italie en soutenant la cause française, Robert II de la Marck, duc de Bouillon, ne devait pas être arrêté par trop de scrupules, s'il faut en croire sa devise : *Si Dieu ne me veut, le Diable me prie.* Cette devise est la seule, à notre connaissance, où le Diable soit nommé.

Quelques lignes du testament de l'empereur Napoléon 1er sont devenues la devise du baron Larrey : *L'homme le plus vertueux que j'aie connu.* Inutile d'ajouter qu'elles sont conservées avec un soin pieux par un homme digne de se les appliquer. *La garde meurt et ne se rend pas,* ces mots immortels sont encore la devise des Cambronne.

Et nos avi ! Tous ces hommes du premier empire, comme le fit Junot duc d'Abrantès, auraient pu répondre à un gentilhomme d'antique origine, qui plaisantait ce duc sans aïeux : Monsieur, c'est nous qui sommes des ancêtres. De là sa fière devise: *Et nos avi !* (Nous, nous sommes des ancêtres).

Au nombre des devises héroïques, il ne faut pas oublier celles de l'illustre maison de Douglas : sa devise anglaise : *Do or Die,* agis ou meurs; sa devise française : *Jamais arrière !*

Quelques-unes de ces sentences ont vraiment une apparence prophétique. La famille Haussmann, originaire d'Alsace, en a pris une dans laquelle entrent les deux mots qui forment le nom : *Der erste* MANN *im ersten* HAUSE (le premier homme dans la première maison). Celui qui l'a trouvée ne pouvait guère deviner que le baron Haussmann, préfet de la Seine, logerait longtemps (pas assez malheureusement) à l'Hôtel de Ville de Paris.

Prophétique encore celle de la famille de Saint-Pol : *Jam nobilis, morte nobilior* (déjà noble, plus noble par la mort), lorsqu'on se rappelle le trépas glorieux du général comte de Saint-Pol, tué le 8 septembre 1855 à l'assaut de Sébastopol. F. l'infortuné général Gordon, abandonné dans Khartoum, seul Européen au milieu des barbares, et si effroyablement égorgé par les Mahdistes : *Jehovah Jireh* (Dieu le voit), telle était sa devise en hébreu ; Dieu seul en effet vit son sinistre trépas.

A côté de ces devises héroïques, les devises des hommes de lettres, des savants paraissent insignifiantes ; *A la grâce de Dieu,* dit Lamartine; *Courtoisie, bonne aventure,* dit Alfred de Musset. *Cedo nulli,* je ne cède à personne, dit Erasme, en prenant un Dieu Terme comme emblème. Le meilleur, sans contredit, des historiens allemands, Léopold von Ranke prend: *Labor ipse voluptas* (le travail même est un plaisir). Caritat, marquis de Condorcet, plus connu comme écrivain et comme philosophe que comme marquis ou même comme conventionnel, ne trouve que le piètre jeu de mot latin *Charitas,* charité. Les frères Pithou, critiques et historiens en grande réputation au XVI° siècle, font un calembour grec, et encore un calembour par à peu près : *Toïs nomoïs peïthou* (obéis aux lois)! Encore un calembour la devise de l'archéologue Paul Petau : *Nova quærant alii, nil nisi prisca peto* (que d'autres cherchent choses nouvelles, je ne veux que choses anciennes). Lord Byron, lui, n'eut pour devise que celle de sa famille : *crede Biron* (croyez Biron). Cette devise, du reste, est une des plus anciennes de l'Angleterre ; on la trouve sur le sceau de sir John de Biron, apposé sur un acte authentique de 1292, avec la forme archaïque : *Crede Beronti* (1).

Au commencement du XVI° siècle, le poète, très peu raisonnable (s'il faut en croire ses biographes) (2) Pierre Gringore avait choisi cette grave sentence : *Raison partout, rien que Raison* ; Clément Marot, lui, un jeu de mot pouvant s'appliquer à ses œuvres : *La mort n'y mord*. Le *Say-je?* de Montaigne est très souvent cité (3) ; on connaît moins son épi très plein penché vers la terre, avec ces mots : *Plus il est vide plus il s'élève, plus il est plein plus il s'abaisse*.

Il faut rappeler, à titre d'exception, l'illustre chimiste anglais, Humphrey Davy, qui, après avoir inventé la lampe qui porte son nom (4), fut créé baronet en 1819. Ses armes étaient accompagnées de ces mots : *Igne constricto, vita secura* (feu enfermé, vie assurée). Nous disons à titre d'exception, car les savants, non plus que les artistes, n'ont pas de devises, ou n'en ont que d'insignifiantes. La chose est à noter. Elle s'explique du reste. Ecrivains, savants, artistes sont les serviteurs de l'idée. A l'un, il faut une toile ou un bloc de marbre, à l'autre un laboratoire, au troisième un volume pour pouvoir développer, réaliser leurs conceptions, dont l'ensemble ne peut se résumer en quelques mots. Ils ne sont pas des hommes d'action. Aucun d'eux ne pourrait prendre la devise du général Hoche : *Res non verba* (des faits, point de paroles).

Plus insignifiantes encore les devises des hommes d'argent. Le premier de tous, dans les temps modernes, le financier Law, dont le nom signifie loi en anglais, jouant sur les mots, prit *Law and Equity* (loi et équité). On peut aussi citer celle des Rothschild : *Concordia, integritas, industria* (concorde, intégrité, industrie), et comme curiosité celle que le baron Erlanger a *empruntée* à la vieille famille de Bavière, Schauss-Kempfenhausen, *Rast' ich, so rost' ich* (si je me repose, je me rouille). Les Schauss-Kempfenhausen faisaient

---

(1) Voir Lower's heraldry, p. 155.

(2) Voir l'étude sur Gringore et la politique bourgeoise au xvi° siècle en tête de l'excellente édition des œuvres de ce poète, donnée par Ch. d'Héricault dans la Bibliothèque elzévirienne.

(3) Le corps était une balance.

(4) La flamme dans cette lampe était enveloppée par une toile métallique ; cette invention bien simple a sauvé la vie à des milliers de mineurs en empêchant les explosions de grisou.

allusion à leur épée. A quoi le baron Erlanger peut-il bien faire allusion ? A la clef de sa caisse ?...

Dans la magistrature, dans le clergé, les devises abondent ; d'abord, papes et évêques, de tout temps, en ont adopté une en prenant possession de leur siège. Inutile d'ajouter qu'elles expriment toujours des sentiments d'humilité, de charité, de haute dévotion ; les réun'r serait chose monotone.

Cependant en tête des devises pieuses, il faut signaler celle du calife Aly (660), cousin et gendre de Mahomet : *J'adore Dieu, mon seigneur, d'un cœur sincère.* Citons également celle de Luther, gravée sur une bague conservée dans le musée de Dresde : *Mori sæpe cogita* (songe souvent à la mort), paroles graves et austères, qui font un singulier contraste avec le distique que les « Propos de table » mettent dans la bouche de l'auteur de la Réforme :

> *Wer Wein nicht liebt, Weiber und Gesang,*
> *Der bleibt ein Narr sein Leben lang.*

(Celui qui n'aime pas le vin, les femmes et les chansons, reste un fou sa vie durant).

Cette douce philosophie se rapproche de celle de la famille de Pemer (d'Augsbourg), dont voici la longue devise en vieil allemand :

> *Fromb seyn schalt nicht,*
> *Gar zu fromb daucht nicht ;*
> *Halb fromb, Halb Schalk*
> *Wehrt lang verdirbt nit bald.*

> Etre pieux ne nuit pas,
> Etre trop pieux ne convient pas.
> Moitié pieux, moitié coquin
> Dure longtemps, ne se gâte point.

Mais revenons à des pensées plus austères, en nous bornant à deux exemples :

Le président de La Moignon : *Ego et domus mea serviemus Domino,* (moi et ma maison nous servirons le Seigneur) ;

Le Pape Sixte-Quint : *De ventre matris meæ, tu es Deus protector meus !* (Dès le ventre de ma mère, tu es mon protecteur, ô mon Dieu).

Citons, pour terminer, comme une des plus anciennes, une des plus bizarres, la devise, *par lettres* du grand Saint-Benoît, le fondateur de l'abbaye du Mont-Cassin, mort en 563. Mais avant quelques mots sur ce genre de devises.

Les devises par lettres et non par mots, ont été jadi, très en faveur. La difficulté de trouver l'interprétation exacte, les sens différents qu'on pouvait leur attribuer, les avaient mises en grande faveur au moyen âge. Tout le monde connaît les quatre lettres mystérieuses adoptées depuis des siècles par l'illustre maison de Savoie, et qui figurent encore de nos jours sur le collier de l'Annonciade.

Que peuvent signifier :

F. E. R. T.

Est-ce le mot latin Fert. — (Porter, ou emporter, ou supporter) ?

Ou bien est-ce : *Fortitudo Ejus Rhodum Tenuit* (sa valeur a sauvé Rhodes), en parlant d'Amédée IV le Grand, qui en 1310 força les Turcs à lever le sièg · de cette ville ?

Est-ce: *Fœdere et religione tenemur* (nous sommes liés par le pacte et par la religion) ?

Est-ce : *Frappez ! Entrez ! Rompez Tout ?*

Est-ce une allusion à Amédée VIII (1334) ?

Les ennemis de ce Prince l'interprétaient alors : *Fœmina Erit Ruina Tua* (La femme sera ta ruine) !

Faut-il enfin lire cette devise à rebours comme le prétendaient, en 1660, les Français, maîtres de la Savoie : *Tout retournera en France ?*

On le voit, ces quatre lettres présentent les sens les plus variés. Cette variété formait l'attrait de ces devises énigmatiques.

Celle du grand Saint-Benoît est plus compliquée en apparence, beaucoup plus simple dans le fond, car elle n'est susceptible, probablement, que d'un seul sens. Elle se compose des lettres :

V. R. S.
N. S. M. V.
S. M. Q. L.
J. V. B.

qu'on interprète :

Vade retro Satana,
Nunquam suade mihi vana ;
Sunt mala quœ libas,
Ipse venena bibas !

(Retire toi, Satan, ne me conseille jamais choses vaines. Ce que tu offres est le mal, puisses-tu toi-même boire du poison !)

Impossible en ce genre de trouver plus fort !

DICTONS POPULAIRES

LES FAMILLES NOBLES JUGÉES PAR LE PEUPLE

II

Si dans l'étude des devises, celles qui sont personnelles, qui ont été choisies, adoptées par des hommes célèbres, peuvent offrir un certain intérêt, elles ne forment, cependant, qu'un court chapitre d'un vaste ensemble. Dans ce genre de recherches, la partie essentielle doit porter sur l'examen des devises héréditaires des familles. De ces devises, que les générations se transmettaient pieusement avec les armoiries, les unes constatent la gloire de la maison, magnifient les exploits des ancêtres, les autres affirment le dévouement au Roi, la piété, souvent encore l'orgueil du nom et de la race.

Mais à côté des unes et des autres, il faut placer immédiatement, et comme curieuse antithèse, les ADAGES, les DICTONS populaires.

Sous ces deux termes, on désigne indifféremment de courtes sentences, des locutions proverbiales, quelquefois en prose, quelquefois en méchants vers, rimant plutôt par assonances que par rimes régulières, et par lesquelles le populaire à son tour jugeait ses seigneurs suzerains. Jugements souvent élogieux, mais souvent aussi narquois, satiriques, ou même injurieux. Quels qu'ils soient, ils donnent une note spéciale en faisant connaître et la liberté d'appréciation et la liberté de langage, dont on usait au moyen-âge, même en parlant des plus puissants seigneurs.

Par malheur, bien peu de ces jugements concis, pittoresques, de haut goût, nous ont été conservés. La grande histoire les a négligés ; ce n'est que par circonstances fortuites que les chroniqueurs les citent. Puis, les familles attaquées par ces coups de dent du populaire ont eu intérêt à faire disparaître des proverbes par trop piquants. Ce n'est que de ci, de là qu'on les retrouve, et la tentative que nous faisons aujourd'hui pour mettre en une sorte d'ordre ceux que nous avons pu recueillir est, croyons-nous, la première. Aussi espérons-nous avoir quelques droits à l'indulgence et demandons nous à nos lecteurs de vouloir bien nous communiquer tous les renseignements qu'ils pourraient nous fournir sur ce sujet peu connu (1).

D'abord et avant tout, il faut le remarquer, adages et dictons ne se rencontrent qu'en France, et en France même que dans une région. Dans les recueils étrangers que nous avons étudiés, on ne trouve aucun dicton italien, espagnol, portugais, aucun adage hollandais, allemand, scandinave ou russe. Lower, pour l'Angleterre, en cite deux seulement que nous croyons devoir reproduire, à titre d'exception. Voici le premier (2) :

> *When William conquered English ground,*
> *Bullstrode had per annum three hundred pound.*

« Quand Guillaume conquit le territoire anglais, Bullstrode avait (déjà) trois cent livres (de revenu) par an. »

Les Bullstrode, qui existent encore, sont établis dans le Bedfordshire et le Buckinghamshire.

Le second n'est pas applicable à une famille, il rentre dans les généralités ; comme le précédent, comme bien d'autres en France sur lesquels nous aurons à revenir, il ne parle que de la richesse ou de la pauvreté. Lower le cite à propos de la prospérité des yeomen (miliciens) du Kent au XVIᵉ siècle, et comme un dicton bien connu à cette époque.

> *A knight of Cales, a squire of Wales*
> *And a Laird of the North countree,*
> *A yeoman of Kent, with his yearly rent,*
> *Would buy them out all three.*

« Un chevalier de Calais, un écuyer du pays de Galles, et un Laird des contrées du Nord, un yeoman du Kent, avec son revenu d'un an, les achèterait tous les trois. »

Un manuscrit latin de la Bibliothèque de l'Arsenal (nº 1 — 1114) après de courtes notices sur les plus grandes maisons de la Pologne, ajoute de brèves sentences, des appréciations sur les familles qui sembleraient être des traductions de dictons populaires. Ainsi, pour les Tarnawa : *Cujus viri, loquaces et diserti,* (les hommes de cette famille sont loquaces et diserts) ; pour les Rosza : *Cujus viri, in potationem sunt proclini,* (les hommes de cette famille sont en-

---

(1) Savoir : Adages et Dictons, proverbes sur les personnes, les villes, les villages, les provinces, les localités et leurs habitants.

(2) Lower's Historical and allusive arms.

clins à la boisson); pour les Gosdowite : *Ejus familie* (sic) *viri domi-
nis suis sunt fidi*, (les hommes de cette famille sont fidèles à leur
suzerain), etc., etc.

Nous avons dit plus haut qu'adages et dictons ne se rencon-
traient guère qu'en France, et encore dans une région toute particulière, nettement déterminée, celle où régnait tout à la fois l'influence politique des ducs de Bourgogne, et peut-être aussi (on
peut l'admettre facilement) l'influence généreuse des excellents
vins de cette contrée favorisée. Sur les quelques cents dictons que
nous avons pu recueillir, les deux tiers, à peu près, viennent de la
Bourgogne proprement dite, de la Comté de Bourgogne (ou Franche-
Comté), de cette partie de la Suisse française qui se trouvait com-
prise dans le royaume de Bourgogne transjurane, du Dauphiné, de
la Provence, de la Picardie, provinces plus ou moins directement
en contact avec les Bourguignons « salés » comme on disait alors
en parlant de leur genre d'esprit, et marchant dans la voie politique
des Philippe le Bon et des Jean sans Peur.

Bien loin après cette zone orientale de la France, vient la Bretagne ; puis de ci, de là, le Maine, le Languedoc, le Rouergue qui
donnent quelques rares adages. Mais rien en Flandre, en Normandie, en Poitou, en Anjou, rien, malgré leur réputation, chez les
spirituels Gascons ou chez les Béarnais.

Et cependant, dans la France entière, dans les pays de langue
d'Oc, comme dans ceux de la langue d'Oïl, dès l'origine de notre
littérature on voit paraître, sur tous les points, ce genre d'esprit narquois, gouailleur (nous n'osons pas en parlant de choses anciennes
employer un néologisme qui traduirait notre pensée), cet esprit auquel nous sommes habitués, mais qui, à notre insu, nous a rendus
si redoutables aux étrangers peu familiarisés avec notre raillerie
perpétuelle. Dans nos vieux *fabliaux*, dans les *Dicts*, dans les *Sot-
ties*, à chaque vers on trouve des plaisanteries très mordantes et sur
les choses et sur les hommes.

La grave histoire nous a conservé avec soin les sobriquets, les
surnoms, rarement flatteurs, dont les peuples au moyen âge affu-
blaient les seigneurs, les souverains eux-mêmes. Le Gros, le Chau-
ve, le Bref, le Fainéant, le Hutin (querelleur), se rencontrent aussi
souvent dans la liste de nos Rois que les épithètes de Sage, de
Saint, de Hardi ou de Victorieux. Parmi les seigneurs suzerains
on peut se rappeler et Thibault le Tricheur, comte de Blois, et
Godefroy le Bossu, duc de Lorraine, et Guillaume Tête d'Etoupes,
comte de Poitou, et Archambauld Jambes pourries, vicomte de
Turenne, et Louis de Valentinois dit Gros-Vilain (1343). La malice populaire transforme un Mailly en Maillet, un La Trémoille en
Trouillard(1). Bayard enlève son cheval en le piquant de ses éperons,

____

(1) Voir de la Roque : Traité de l'origine des noms, chapitre XXII : des sobriquets
et épithètes qui s'ajoutent aux noms (in-4°. Paris 1734).

aussitôt ses camarades le baptisent Piquet (1). Pourquoi, quatre cents ans avant l'apparition du charmant ouvrage d'Alphonse Daudet, un des compagnons du Chevalier sans peur et sans reproche fut-il surnommé Tartarin? L'histoire n'en a pas fait mention non plus que la chronique du loyal serviteur. En un mot tous y passent, et Ducange fait remarquer que si les bergers appellent leurs chiens « Faro » (la tradition s'est conservée jusque de nos jours) c'est qu'en patois bourguignon Baron se disait Faro! On peut voir, par cet exemple, la liberté de langage et le respect que les paysans professaient pour leurs seigneurs.

Sobriquets et surnoms sont bien évidemment le point de départ des dictons. Si un comte de Blois est surnommé le Tricheur, rien d'étonnant qu'en généralisant le peuple, après avoir constaté *la Naïveté de Leugney* (2) (Fr.-C.) ou la *Simplesse de Sabran* (Pr.) blâme: *la Tricherie des Breuil* (Pr.) ou *la Roberie de Chalons* (Fr.-C.), ou *la Convoitise de Chauvirey* (id.) ; qu'il flétrisse *l'Astuce de Courcelles* (Bourg.), *la Cautelle de Lambrey* (Fr.-C.), les *Envieux de Candale* (3) (Prov.), la *Fallace et la Malice des Barras* (id.) De ces fallacieux était le membre du Directoire, qui fut si justement tenu à l'écart par l'empereur Napoléon (4).

D'autres dictons, par contre, célèbrent la *Fidélité des Bolliers*, la *Féaleté* (fidélité) *des Tholongeon* (Toulongeon) en Franche-Comté et la *Franchise de Clairon* (5) en Lorraine, la *Léalté* (loyauté) *de Saint Moris* (6) (Bourg.), ainsi que la *Foy des Gères* (Guyenne) ou la *Foy de Bréhan* (Bret).

---

(1) Bayard, page du duc de Savoie, allait passer dans la maison du roi de France Charles VIII. « Incontinent qu'il (le roi) fut hors du bateau, il va voir sur la prée « le jeune Bayard sur son roussin, avec son écuyer ; commença à lui crier : Page, « mon ami, donnez de l'éperon à votre cheval !

« Ce qu'il fit incontinent, et il semblait, à le voir départir, que toute sa vie eût fait « ce métier. Au bout de la course, le fit bondir deux ou trois sants, et puis, sans rien « dire, s'en retourna à bride abattue pareillement devers le roi. Et s'arrêta tout court « devant lui en faisant remuer son cheval ; de sorte que non seulement le roi, mais « toute la compagnie y prit un singulier plaisir. Commença le roi à dire à Monsei- « gneur de Savoie :

« Mon cousin, il est impossible de mieux piquer un cheval.

« Et puis, s'adressant au page, il lui dit : Pique, pique encore un coup !

« Après les paroles du roi, les pages lui crièrent: Piquez ! piquez !… De façon que « depuis, par quelque temps, fut surnommé *Piquet*. »

(Histoire du gentil seigneur de Bayard, composée par le loyal serviteur, dans l'excellente et splendide édition de Loredan Larchey, publiée par Hachette en 1882, p. 32 et 33).

(2) Pour ne pas répéter sans cesse les mêmes noms de province, nous employons les abréviations suivantes : Bourg. pour Bourgogne, Fr.-C. pour Franche-Comté, Pr. pour Provence, Pi. pour Picardie, D. pour Dauphiné.

(3) Nogaret de la Valette, Comtes de Foix, Ducs de Candale.

(4) On disait aussi : *Vieillesse de Barras*, dicton qui s'expliquait par le proverbe : « Les Barras sont aussi vieux que les rochers de la Provence ».

(5) Clairon d'Haussonville dont la devise est curieuse : « Sonne haut, Clairon, pour l'honneur de la maison ».

(6) L'ancienne devise des Saint-Moris est plus singulière encore parce qu'elle renferme le nom de la famille : De la *Mort* je me *Ris* ; la devise moderne est: « Antique, fier et sans tache. »

Pour certaines familles, dont le voisinage était redoutable, souvent les adages s'expliquent nettement :

Levezons, d'Estaing, Vesins,
Haults Barons et mauvais voisins ! (1)

Arces (2), *Varces, Grange et Commiers*
Tel les regarde qui ne les ose toucher !

En Dauphiné encore la série des dictons sur la famille, pour mieux dire le clan ou la Tribu des Alleman :

Parenté d'Alleman.
Gare à la guerre des Alleman ;
ou : *Gare à la queue des Alleman.*

et enfin le proverbe dont on a singulièrement élargi l'application : *Querelles d'Alleman.*

Venus probablement d'Allemagne dès les temps les plus reculés, l'immense famille de seigneurs (3) qui portait le nom d'Alleman occupait toute la région montagneuse qui s'élève entre le Drac et l'Isère. Vizille, Séchilienne, Uriage, Vaulxnaveys et les forêts de pins de Champerousse et de Challanches et les cimes glacées de la Belledonne étaient de ce côté les points principaux de leur domination. A eux encore appartenait une partie de l'Oisans, du Valbonais, de la rive droite de la Grèze, des châteaux sur toutes les grandes rivières qui se précipitent des Hautes-Alpes. Jamais souche féodale ne produisit plus de rameaux et nulle part les membres d'une même famille ne se groupèrent autour de leur chef avec un soin plus jaloux. Tandis que dans la plupart des maisons nobiliaires la discorde, ou au moins l'indifférence, séparait les cadets des aînés, une tradition de famille, peut-être une association secrète et jurée de père en fils, retenait les Alleman dans l'affection mutuelle et dans la concorde.

Les premiers nés, nourris dans les armes, perpétuaient la famille et défendaient le patrimoine ; les plus jeunes voués à la cléricature peuplaient les presbytères et les prieurés ou se livraient au commerce sous la protection de leurs frères. Ils se mariaient entre eux, jugeaient entre eux leurs différends et en toutes circonstances se prêtaient les uns aux autres un infaillible appui. Malheur à l'imprudent voisin qui eût troublé dans son héritage ou dans son honneur le plus humble des Alleman. Sur la plainte de l'offensé, un conseil de famille était réuni, la guerre votée par acclamation et l'on voyait bientôt dé-

---

(1) Ces trois familles sont du Rouergue.

(2) On disait également : *Charité d'Arces et Force de Commiers.* La famille d'Arces, celle de Varce, etc., sont du Dauphiné. Arces portait dans ses armes un tronc d'arbre desséché et pour devise : « Le bois est vert, les feuilles sont arses (brûlées). »

(3) En 1458 la famille comptait onze branches. Son orgueilleuse devise était : *Altissimus nos fundavit* (le plus élevé nous a fondés). Son cri de guerre : *Place ! Place à madame !* — Madame était sa bannière ! (Voir : N. Chorier, t. III de l'Estat politique du Dauphiné).

boucher dans la plaine de Grenoble les bandes armées que guidaient au châtiment de l'agresseur les bannières d'Uriage et de Valbonais.

On comprend, après la lecture de ces lignes empruntées à un maître, J. Quicherat, on comprend la terreur qu'inspirait une telle famille ; le soin avec lequel les voisins évitaient *les querelles d'Alleman* et se *garaient de leur queue*.

Ces familles nombreuses, ces sortes de clans, étaient peu aimées.

Famille d'Archambault
Plus y en a, pis cela vaut !

Ainsi parle un adage donné par Cotgrave (1); mais cet auteur ne dit pas quels Archambault il veut désigner. Est-ce ceux de l'Ile de France, de l'Orléanais, de la Touraine ?

Les Bretons, eux, comptent également trois maisons riches en descendants :

Battez un buisson
Il en sort un Goyon (2),
Un Courson,
Ou un Kersauzon.

Cet adage du moins est inoffensif. Dans la même catégorie, on peut faire rentrer encore les vers picards suivants :

Rambure, Rubempré, Renty
Belles armes et piteux cri !

Bien que ces familles eussent pour cri leur nom, comme aussi :

Ailly, Mailly, Tanques, Créquy,
Tel nom, telles armes, tel cry !

Dit un second adage picard, tandis qu'un troisième proclamait :

Créquy, Haut baron
Créquy, Haut renom !

Car il ne faudrait pas croire que tous ces adages soient satiriques. Quelques-uns ont grande allure. Quel souffle, par exemple, dans celui de la famille Davout (Bourg.) qui entre autres a donné à la France l'illustre maréchal Duc d'Auerstaedt :

Quand un Davout sort du berceau
Une épée sort du fourreau !

---

(1) Cotgrave, lexicographe anglais, est l'auteur du plus ancien dictionnaire français : A Dictionary of the French and English Tongues ; London 1632 in-folio.

(2) Les Goyon, autrefois Gouyon, ont formé de nombreuses branches ; la plus illustre est celle des Gouyon de Matignon, de qui l'on disait : *Honneur à Gouyon, liesse (joie) à Matignon !* Il ont porté les titres de Comtes de Thorigny, Princes de Mortagne (1585), Barons de Marcé (1502), Marquis de la Moussaye (1615), Ducs de Valentinois (1715). Les Comtes de Thorigny ont été substitués en 1716 aux noms et armes des Grimaldi, Princes de Monaco. Une branche séparée à l'origine a porté le titre de Duc de Feltre en 1664. Il y avait encore les Gouyon de Coypel. Si nous avons donné toute cette nomenclature, c'est pour indiquer quelles difficultés se présentent bien souvent pour retrouver le nom d'une famille qui disparaît derrière les titres que portent les diverses branches.

L'adage dauphinois *Prouesses de Terrail* n'a-t-il pas été justifié et au delà par Bayard? Quoi de plus fier que les *Coups de lances de Vaudrey* (Fr. C.) (1), ou ces autres dictons célébrant ia *Chevalerie des Kergournadech* (Bret.) ou des *d'Andlot* (Fr. C.), la *Témérité et la Fierté des Glandevez* (Dauph.), les *Fiers de Neufchatel* (Fr. C.) ou les *Haults à la main de Chissey* (id.)?

Mais l'esprit railleur ne perd jamais ses droits et si, au risque de se contredire, pour quelques-uns le courage, la fierté sont dignes de lquanges, pour d'autres les *Fiers de Neufchatel* deviennent les *Oultrecuydants de Neufchatel* et les *Haults à la main de Chissey*, les *Fous de Chissey*. Il faut en outre le noter, certaines familles qui appartiennent à plusieurs provinces ont donné lieu à différents dictons. Prenons comme exemple les *Bauffremont* qui tiennent à la Franche-Comté, à la Bourgogne, à la Champagne, à la Lorraine. On trouve ainsi:

> *Bons Chrestiens de Bauffremont,*
> ou *Clergie de Bauffroymont* (2),
> ou *Li Bauffremont, li bons barons.*

Et plusieurs autres encore. De même pour les Vergy, dont un dicton chante les *prouesses* et un autre l'*aulmônerie*.

L'éternelle question des mœurs, bonnes ou mauvaises, et mauvaises beaucoup plus souvent, a été l'origine de nombre d'adages.

Les uns affirment comme exemple la *Continence de Raincourt* (Fr. C.) ou donnent comme modèle le *Ménage de Falletans* (F. C.); les autres constatent l'*Inconstance des Reaulx* ou *des Raulx* (Prov.); la *Dissolution des Castellane* et emploient même un vieux mot peu courtois, la *Lasciveté des Joux* (Fr. C.), les *Débordements de Monnet* (Fr. C.), *les Ribauderies de Vernoix* (Fr. C.), bien pis encore pour les Buffignécourt (Bourg.). Passons et arrêtons-nous plutôt sur la *Piété d'Achey* (Fr. C.), qui ne semble pas trop se concilier avec les haches de leurs armoiries et leur terrible devise: *Jamais las d'acher !* Ou bien encore sur la *Sagesse des Guiffrey* (Dauph.), l'*Humblesse des Marnix* (Bourg.), qui contraste avec l'*Insolence des Rochefort* (3); ceux-ci de tout temps, à ce qu'il semble, n'ont dû guère ménager leur prochain. Signalons enfin la *Bonté et l'hospitalité des d'Agoult* (Dauph.), la *Courtoisie des Sabran* (Prov.), la *Gracieuseté des Ray* (Fr. C.), ou la *Beauté des Grammont* (Fr. C.), le *Visage d'Altvillars* (Dauph.) ou l'*Antiquité des Penhoet* (Bret.) et la *Bien Disance d'Oyselet* (Fr. C.).

Ce qui prouve mieux que tout l'origine populaire des locutions proverbiales qui nous occupent, c'est la constante préoccupation de la richesse ou de la pauvreté des familles. Là se trouve la diffé-

---

(1) Jouant sur le nom de trois de leurs Fiofs: Valut, Vaux et Vaudrey, cette famille avait pour devise: J'ai Valu, Vaux et Vaudrai.

(2) On disait Bauffroymont, en parlant de Bauffremont-Courtenay.

(3) Rochefort-Luçay (Bourgogne).

rence essentielle entre la devise choisie par le gentilhomme et le dicton émané du peuple. Dans les milliers de devises que nous avons été obligé de compulser, nous n'en avons rencontré qu'une seule affirmant la puissance de l'argent ; c'est celle d'un Hollandais, Van Drenkwaert : *Argent fait tout !* Quelle distance la sépare de celle du Breton Bihl de Bréhan :

> Foy de Bréhan
> Vaut mieux qu'argent.

Dans les adages, sans cesse il est question de richesse, de chevance ou de pauvreté, de générosité ou de chicheté. Dans le Maine :

> Pauvre Maillé,
> Noble Vassé,
> Riche Bouillé.

En Franche-Comté : *Riches de Châlons* (un autre adage, que nous avons cité, parle de leurs *Roberies*, *Riches de Chissey*, les mêmes que l'on traitait aussi de fous, puis les *Pauvres de Crosey*, la *Chevance des Rougemont*, la *Générosité de Rye* ou la *Chicheté des Mugnans*, puis la *Libéralité des Villeneuve* en Provence.

Comme dans le Maine, en Limousin on établissait un contraste entre :

> D'Escars Richesse
> Bonneval Noblesse (1)

En Bretagne si les Carman (ou Kermavan) affirmaient par leur devise orgueilleuse qu'il n'y avait rien que :

> Dieu avant
> Le Comte de Carman,

le peuple, frappé de l'importance de leurs domaines, disait simplement : les *Riches de Carman*.

Dans la même province, où la bouillie de sarrasin est la nourriture habituelle des pauvres, on raillait

> Cussy
> Noblesse de pain et de bouillie,

Adage, qui ... enthèse, devait faire sourire l'éminent gastronome, le comte de Cussy, alors qu'il inventait le gâteau bien connu auquel il attachait son nom.

Le dicton dauphinois : *Pauvre comme un noble de la vallée de Quint* est à noter. La vallée de Quint, dans les montagnes du Diois, ne comptait que dix feux, nous apprend Guy-Allard (2), et encore répartis entre six paroisses. On peut juger de l'importance des fiefs nobles en pareil désert.

---

(1) Les Pérusse, Duc d'Escars, ou des Cars, étaient de la Marche, les Comtes de Bonneval (dont le célèbre Pacha) du Limousin.

(2) Dictionnaire du Dauphiné.

Si les Dauphinois constataient la misère des nobles de la vallée
de Quint, les Beaucerons, eux, raillaient sans pitié la pauvreté des
gentilshommes de leur région. Ils disaient par exemple :

C'est un gentilhomme de Beauce,
Il est au lit quand on fait ses chausses.

Car le pauvre diable n'en avait pas de rechange. Ou bien encore :
« Les gentilshommes de Beauce se mettent à trois pour avoir une
épée. » Plus favorisé était le Bailly de Ferrette, signalé par sa
maigreur phénoménale, lors de la convocation des Etats généraux
en 1789, et dont M. de Talleyrand disait : Je n'ai jamais pu savoir
si M. le Bailly de Ferrette a trois jambes ou trois épées.

Raillerie encore contre la noblesse, que cette qualification de
« gentilhomme à Lièvre » par laquelle on désignait les nobles obli-
gés, par suite de leur indigence, de se nourrir uniquement des
produits de leur chasse. Vantardise empreinte de jalousie le proverbe : « Riche vilain vaut mieux que pauvre gentilhomme » (1)
ainsi que celui-ci :

Un noble, s'il n'est à la rose,
Vaut parfois bien peu de chose (2).

Car l'antagonisme des castes, qui ne date pas que de nos jours, se
manifestait par les *proverbes* aussi bien que par les dictons.

Les nobles ne pouvant s'attaquer à des familles obscures, ripos-
taient également par des proverbes. Un vilain était-il riche :

Vilain enrichi
Ne connaît parent ni ami (XIII° siècle).

A « Riche vilain vaut mieux que pauvre gentilhomme » ils oppo-
saient : « Mieux vaut un courtois mort qu'un vilain vif ». Car courtoisie (mœurs des cours) était devenue synonyme de noblesse. Comme
ils savaient que : « Jamais vilain n'aima noblesse (XIII° siècle) », ils
se vengeaient en se campant sur leurs vertus guerrières, qu'aucun
dicton ni proverbe, du reste, n'a mis en doute, et ils proclamaient :

Vilain jamais
Ne fera beau faict (XV° siècle).

Ou que : « Vilain ne sait ce qu'Esperons valent (3) ». Cependant
ils reconnaissaient que « Le Tiers-Etat est le séminaire de la

---

(1) Un vilain (du bas latin Villanus) était à proprement parler un habitant de la
campagne, un paysan, ce que Gambetta, de nos jours, appelait dédaigneusement un
Rural. Mathurin Régnier a introduit ce proverbe dans sa satire XIII.

(2) Noble à la Rose, monnaie d'or d'Angleterre, frappée à l'origine par Edouard III,
lors de la guerre des Deux Roses et dont la valeur a varié de 20 à 30 francs (de
poids). Les nobles à la rose ont été également frappés en France, où ils avaient
cours.

(3) Pendant tout le moyen âge, Eperon était synonyme de Chevalerie ; en effet,
on n'était chevalier qu'après avoir chaussé l'Eperon. Le sens a changé, probablement depuis la *journée des Eperons* (1513) et jouer de l'Eperon veut tout simplement
dire se sauver.

noblesse » et que « C'est affaire à celuy qui veut estre gentilhomme
aller le premier à l'assaut ». Car alors la noblesse n'était pas un
corps fermé et les changements de castes n'étaient pas rares. On
disait couramment dès le XIII⁰ siècle :

Hier vacher,
Huy (aujourd'hui) chevalier.

Ou comme le dit un adage que nous avons déjà cité : « De charron
soldat, de soldat gentilhomme », en remarquant la grosse erreur qu'il
renferme ; car il était admis que si le Roi pouvait créer un noble, il
ne pouvait faire un gentilhomme. On naissait gentilhomme, et par
anoblissement on devenait noble. La Reine d'Espagne Marie
Christine était dans la véritable tradition lorsqu'elle disait à Espar-
tero : « Je t'ai fait comte de Luchana, marquis de la Penâ, duc de la
Victoire ; mais jamais je n'ai pu te faire gentilhomme ! ».

Puis, pour réconcilier les deux castes rivales, n'y avait-il pas ce
très philosophique proverbe :

Cent ans bannière,
Cent ans civière.

Qui, comme le dit le père Ménestrier, exprime que les plus
illustres familles, jadis comme aujourd'hui, rentrent, à la longue,
dans la foule vulgaire. Et souvent il ne faut pas cent ans. J'ai connu
un descendant d'un des illustres maréchaux de France, gardien de
prison. M. de Valons (*Revue des Deux-Mondes*, 1851) a rencontré
en Limousin un d'Auteroche, de la même famille que le colonel des
Gardes Françaises de Fontenoy (1), simple brigadier de gendarmerie.
Der Ritter von Mayer a vu mourir au commencement de ce siècle
un vieux mendiant à Lindenau (Bavière) ; ce mendiant était le dernier descendant des terribles Montfort (2). Enfin Burke (2) cite un
arrière petit-fils de Marguerite de Plantagenet qui, en 1637, était
savetier (cobbler) à Newport dans le Shropshire et Payne (4), en
1845, parle de deux descendants en ligne directe d'Edmund de
Woodstock, comte de Kent, sixième fils d'Edward I⁰ʳ, roi d'Angleterre, et qui, par conséquent, portaient de droit les armes
royales. L'un était boucher à Hales Owen, l'autre garde-barrière à
Cooper's Bank près Dudley. Donc :

Cent ans bannière
Mais bien plus de *cent ans civière !*

Laissons les proverbes et mentionnons, mais pour mémoire,
l'*Esprit des Mortemart*, comme on disait couramment à la cour

---

(1) Celui qui a dit : Tirez les premiers, messieurs les Anglais.
(2) Voir A. der Heraldik. — Seite 394.
(2) Burke : Anecdotes of the aristocracy.
(4). J. B. Paynes an Armorial of Jersey, p. 25.

la plus spirituelle dont l'histoire fasse mention. Ce n'est pas là
un dicton populaire. De la cour également, de l'œil-de-bœuf de
Versailles, suivant toute probabilité :

> Damas, Blacas, Duras, Brancas
> C'est la misère des quatre as !

« La misère des quatre as » rappelle trop le jeu de boston pour
être une locution ancienne. Il ne faut donc voir dans ce dicton
qu'une boutade de courtisan jaloux de fortunes trop rapides.

Fortunes trop rapides ! Avec leur humeur satirique, leurs
adages à l'emporte-pièce, qu'auraient dit nos pères de l'élévation
subite, puis de la chute ignominieuse d'un de nos contemporains ?
Certes, ils n'auraient rien trouvé d'une plus cruelle ironie que
l'épithète d' « *austère* » dont les complices de cet homme l'avaient
affublé ! Celui dont nous parlons avait compris, avait appliqué la
devise « *Argent fait tout* » de Drenkwaert, mais il n'aurait jamais
pu saisir la sauvage beauté de celle de Montchard :

> Mort l'honneur,
> Meure la race !

Baron DE WATTEVILLE,
Directeur honoraire des sciences et des lettres
au Ministère de l'Instruction publique.

III

APPENDICE

———

ADAGES, DICTONS & PROVERBES

———

BIBLIOGRAPHIE

CHASSANT et TAUSI. — Dictionnaire des Devises; 3 vol. in-12,
Paris 1878.
CHASSANT. — Les Nobles et les Vilains; un in-12, Paris 1857.
CHASSANT. — Nobiliana; un in-12, Paris 1858.
CHORIER (Nicolas). — Estat politique... du Dauphiné (tome 3ᵉ)
Grenoble MDCLXXI; 3 vol. in-12
CORBLET (l'abbé). — Glossaire du Patois Picard; un in-8°, 1851.
DIELITZ. — Die Wahl un Denksprüche; in-4°, Francfort s. le M. 1884.
DU BOUVOT de CHAUVIREY. — La terre de Chauvirey; in-8°,
Vesoul 1865.
LITTRÉ. — Dictionnaire de la Langue française.
LE ROUX de LINCY. — Livre des Proverbes; 2 vol. in-12, Paris 1842.
LOWER'S. — Curiosities of Heraldry; in-8°, London 1845.
MENESTRIER (le P.) — Recherches sur les origines des Armoiries;
in-12, Paris 1679.
NOSTRADAMUS (César de). — L'Histoire et Chronique de Provence;
in-fol., Lyon 1614.
RIETSTAP. — Armorial général; 2 vol. in-8°, Gouda 1884.
SAINT MAURIS (Mⁱˢ de). — Généalogie historique de la Maison de
Saint Mauris; in-fol. Vesoul 1830.

L'auteur a cru devoir réunir ici tous les adages, dictons et proverbes sur la Noblesse, qu'il a recueillis dans les ouvrages dont les
titres précèdent, ou qui lui ont été communiqués par des amis bien-
veillants, qu'il ne saurait assez remercier. — Il ose espérer que les
lecteurs qui jetteront les yeux sur cette étude voudront bien lui
signaler les adages qui lui ont échappé.

Baron Os. DE W.

ADAGES, DICTONS ET PROVERBES [1]

Accortise de *Lamartine* (2) (Bourg).
Accortise de *Salins* (3) (Fr. Cté. M. E.).
Accuëillance de *Villers* (Fr. Cté M. E.).

Ailly (4), *Mailly* (5), *Tanques* (6), *Créquy* (7).
Tel nom, telles armes, tel cry !

Affiterie de *Bouverot* (Bourg).
Amabilité d'*Estrabonne* (Fr. C. M. E.).
Amitié de *Beaumont* (8) (Dauph.).
Amitié de *Gumoens* (9) (Suisse).
Ancienneté des *Courrierres* (Bourg).
Anoblis de l'Hôtel de Ville (10).
Antiquité de *Blonay* (Savoie).
Antiquité de *Penhoet* (11) (Bret.).

Arces, Varces, Granges et Commiers (12)
Tel les regarde, qui ne les ose toucher.

---

(1) On confond souvent Adage et Dicton, voici la différence qu'établit Littré entre ces deux termes presque synonymes : Adage, sentence, dire populaire ; Dicton, mot passé en proverbe, mot plaisant et piquant contre quelqu'un.

(2) Ou accordise. Le poète célèbre était de cette famille. Cependant, Le Roux de Lincy, dans son livre des proverbes, donne : accortise de Martine (Suisse, Genève).

(3) Salins la Tour. Maison éteinte. M. E. Abréviation pour Maison éteinte.

(4) Ailly, marquis d'Annebout (Pic.) porte deux branches d'alisier.

(5) Mailly (Pic.) Marquis de Nesle, de Hancourt, duc de Châteauroux. porte trois maillets.

(6) Tanques (Pic.) souvent oublié par les auteurs qui rapportent ce dicton, porte trois tanches.

(7) Créquy (Duc de) (Pic.) porte un créquier. V. plus loin Créquy. Leur devise était : *Nul ne s'y frotte* ; les branches du créquier se terminent par des pointes aiguës. M. E. en 1801.

(8) De cette famille était le fameux baron des Adrets « l'homme de son temps le plus intrépide », dit Nic. Chorier et dont la devise faite pour lui était *Impavidum ferient ruinæ*. Une branche de cette famille est établie en Autriche.

(9) Comtes de Grandson. V. Hospitalité. Leur devise est : *Vertu surmonte envie*.

(10) Anoblis de l'Hôtel de Ville (sous-entendu : de Paris) On appelait ainsi les échevins, prévôts des marchands, etc., qui par suite de l'exercice de leurs charges parvenaient à la noblesse. Comme ils choisissaient, en général, des armoiries surchargées de pièces trop nombreuses, on appelait ces sortes d'armes ; armes d'anoblis de l'Hôtel de Ville.

(11) Penhoet de Troglezon : Devise *Red Eo* (il faut !).

(12) Ces quatre familles sont du Dauphiné V. Charité pour Arces, Force pour Commiers et Bonté pour Granges ; une variante donne férier au lieu de toucher.

Armes des gentilshommes de la Cloche (1).
Astuce de *Courcelles* (2) (Bourg).
Atour de *Chantrans* (Fr. C. M. E.).
Aulmonerie de *Vergiez* (3) (Bourg. Fr. C.).

Batardise de *Maigret* (Bourg. M. E.)

> Battez un buisson,
> Il en sort un *Goyon*,
> Un *Courson*
> Ou un *Kersauzon* (4) (Bret.).

Beauté de *Grammont* (5) (Fr. C.).
Bien disance d'*Oiselay* (6) (Fr. C. M. E.).
Bistocade de *Vismaux* (Bourg. M. E.).
Bon bruit de *Pontailler* (7) (Fr. C. Bourg. M. E.).
Bonne amitié d'*Asnel* (Bourg. M. E.).
Bons barons de *Bauffremont* (8) (Fr. C.).
Bons chrestiens de *Bauffremont* (Fr. C.).
Bonté de *Castillon* (Prov.).
Bonté de *Granges* (9) (Dauph.).
Bonté de *Pesmes* (Genevois).
Bonté de *Trestondans* (10) (Fr. C.).
Bon trot de *Bay* (11) (Fr. C.).
B....rie de *Buffegnecourt* (12) (Fr. C. M. E.).

---

(1) A Abbeville, Péronne et dans quatorze autres villes de France, les maires et échevins, à qui l'exercice de leurs fonctions faisait conférer la noblesse, étaient appelés gentilshommes de la Cloche, parce que les assemblées par lesquelles ils avaient été élus se réunissaient au son de la cloche de la ville.

(2) Courcelles d'Auvillars.

(3) Vergiez ou Vergy. V. Preux : Cri de guerre, *Vergy à Notre-Dame* ; devise : sans varier.

(4) Pour Goyon, v. p. 18. Il existe en Bretagne trois familles de Kersauzon distinctes quant au nom et aux armes. Les Kersauzon, les Kersauzon de Boloré et les Kersauzon de Penendreff. Ces derniers ont pour devise : *Pred Eo* (il est temps).

(5) Les Grammont de Franche-Comté (barons 1626, comtes 1656, puis marquis 1718), ne doivent pas être confondus avec les Gramont, comtes d'Aster, Gramont, duc de Caderousse (1767) et C.amont. duc de Gramont (1648), puis duc de Guiche et de Lesparre, qui sont de Bigorre. Les Grammont de Fr. C. avaient pour devises : 1° *Lo soy que soy* (Je suis celui) que je suis, et 2° *Dieu ayde au gardien des roys*. Les Gramont de Bigorre avaient, chose bizarre, deux devises presque semblables : 1° *Dios nos ayude* ; 2° *Dei gratia sum in quod sum*. Les armes des deux familles sont entièrement différentes.

(6) Oiselay ou Oiselet (barons de) avait pour devise : *Oyselet devant*.

(7) Allusion à leur cri de guerre : Pontailler ! Pontailler !

(8) Voir : Clergie, Li, Quand, etc., etc.

(9) Granges (Dauph) ne doivent pas être confondus avec ceux de Fr. Cté.

(10) Trestondans, marquis de Pisseloup.

(11) Le Maistre marquis de Bay ; allusion pure et simple aux chevaux bais.

(12) Ou Buffignecourt.

Bourges, Lyon, Le Mans avec Limouges
Furent jadis les quatre villes rouges. (1)

Cautelle de *Lambrey* (2) (Fr. C. M. E.).
Chaille de *Lantenne* (3).
Charité *d'Arces.*

Cent ans bannière
Cent ans civière (4).

C'est affaire à celuy qui veut estre gentilhomme aller le premier à l'assault.

C'est un gentilhomme de Beauce,
Il est au lit quand on fait ses chausses (5).

Chevalerie *d'Andelot* (6) (Fr. C. M. E.).
Chevalerie de *Kergournadec'h* (Bret.).
Chevance de *Rougemont* (7) (Fr. C.).
Chicane des *du Gard* (Pays de Vaud, Suisse et Picardie) (8).
Chicheté de *Mugnans* (Fr. C. M. E.).
Clergie de *Beffroimont* (9) (Fr. C.).
Communion de *Forcalquier* (10) (Prov.).
Conduite de *Grognedent* (Bourg. M. E.).
Constance de *Vintimille* (11) (Prov.).
Continence de *Raincourt* (Fr. C. puis Champagne).
Convoitise de *Chauvirey* (12) Fr. C.).
Coups de lance de *Vaudrey* (13) (Fr. C.).
Courtoisie de *Sabran* (14) (Prov.).

---

(1) Est-ce une allusion à d'anciennes constructions en briques, est-ce une allusion aux armes? On ne sait. Bourges avait un mouton avec un collier de gueules (rouge). Le Mans, Lyon, Limoges avaient un champ de gueules dans leurs armes.

(2) Cautelle, ruse.

(3) Chaille, querelle.

(4) V. plus haut, p. 22.

(5) Tellement pauvre qu'il n'avait pas de chausses de rechange. V. les gentilhommes de Beauce.

(6) Andelot avait pour devise : *Les combats sont nos ébats.*

(7) Vicomtes de Besançon, seigneurs de Ruffey et de Trichâtel.

(8) Du Gard porte trois jars ou canettes d'argent sur champ d'azur.

(9) Beffroimont, Boiffremont est pour Bauffremont. V. Li Quand, etc, etc. Les Bauffremont-Courtenay, princes du saint empire, ducs et pairs (31 août 1817), ont deux devises : 1° *Dieu ayde au premier chrestien;* 2° *Plus deuil que joye.*

(10) Le comté de Forcalquier est passé dans la famille de Villars-Brancas.

(11) Les Vintimille de Provence sont aujourd'hui princes de Vintimiglia en Italie. Devise ancienne : *Præ millibus unus.*

(12) Ce dicton s'applique à la première maison de Chauvirey.

(13) Nous avons rappelé p. 19 la devise des Vaudrey; il faut noter que Cleriadus de Vergy l'avait également adoptée. Les Vaudrey avaient une seconde devise : *A tout Vaudrey.*

(14) Voir : Simplesse.

Créquy, Haut Baron,
Créquy, grand renom (1) (Pic.)

Cussy,
Noblesse de pain et de bouillie (Bret.)

Damas (2), *Duras* (3), *Blacas* (4), *Brancas* (5)
C'est la misère des quatre as !

Débordements de *Monnet* (Fr. C. M. E.).

De charron soldat,
De soldat gentilhomme,
Et puis Marquis
Si Fortune en dit.

Déloyauté des *Beaufort* (Prov. M. E.).

D'*Escars* (6) (sic) Richesse, (Marche)
Bonneval (7) Noblesse. (Limousin).

Del puech en iou
Garde te del *Borascou* (8).

De vilain jamais bon faict.
Dissolution des *Castellane* (9) (Prov.).

Encrés d'*Auricour* (10) (Fr. C.).
Entêtement de la *Rochelle* (Bourg.).
Envieux de *Candale* (11) (Prov. M. E.).
Estorderye d'*Epenoys* (Fr. C. M. E.).

Fallace et malice de *Barras* (12) (Prov.).

Famille d'*Archambault*
Plus y en a, pis cela vault ! (13)

----

(1) Voir : Ailly.

(2) Damas-Crux (Nivernais) Duc et pair 1815, M. E.

(3) Durfort, duc de Duras (en 1668), M. E.

(4) Blacas (Prov) Devise *Pro Deo, pro rege.* Voir : Vaillance.

(5) Brancas, ducs de Lauraguais et de Céreste, M. E. 1852 ; s'est continuée par la substitution du comte Hibon de Frohen en 1856, après mariage avec l'héritière du nom, fille du dernier duc, Hibon de Frohen (ancienne devise) : *Diex Ayde Hi Bon Chevalier*; devise moderne : *Dieu aide au bon Chevalier.*

(6) Pérusse duc des Cars (1815), prince de Carency (1825).

(7) Le célèbre Pacha, comte de Bonneval, était de cette famille.

(8) Du Puy en bas, garde-toi du petit Baras. Ces Baras étaient du Quercy, près de Figeac ; ne pas les confondre avec ceux de Provence.

(9) Voir plus loin la vraie leçon, P... dise

(10) Nous ne comprenons pas l'épithète d'encré, nous devons l'avouer ; on dit aussi : Auricour ou Avrecourt.

(11) Comtes de Foix, ducs de Candale.

(12) V. : Vieillesse.

(13) Quelle est cette famille d'Archambault ? On l'ignore. Il y a eu des Archambault en Orléanais, en Touraine, dans l'Ile de France, etc., etc.

Faveurs, femmes et deniers
Font de vachers chevaliers.

Féaleté des *Tholongeon* (1) (Fr. C.).
Fidèles (les) de *Villers-le-Faye* (2) (Bourg. F. C.).
Fidélité de *Bolliers* (Prov.).
Fiers (les) de *Neufchâtel* (3) (Bourg. Fr. C. M. E.).
Fierté de *Chatelvilain* (4) (Fr. C. M. E).
Finesse de *Grimaud* (5).
Folie des *Usies* (Fr. C.).
Force de *Combaron* (Fr. C. M. E.).
Force de *Commiers* (6) (Dauph.).
Fous de *Chissey* (7) (Fr. C.).
Foy de *Bréhan* (8) (Bret.).
Foy de *Gères* (9) (Guyenne).
Franchise de *Clairon* (10) (Lorraine, Champagne, Silésie).
Franchise de *Vilarzel* (Suisse, pays de Vaud).

Gaillardise de *Lavigny* (Suisse, pays de Vaud).
Gare à la guerre des *Alleman* (Dauph.).
Gare à la queue des *Alleman* (Id.).
Générosité de *Praroman* (Suisse, Neufchatel) (11).
Générosité de *Rye* (12) (Fr. C.).
Gentilshommes à lièvre (13).
Gentillesse (14) de *Belvoir* (Bourg.).
Gentillesse de *Cusance* (Fr. C.).
Gracieuseté de *Ray* (15) (Fr. C. M. E.).

---

(1) Pour Tholongeon ou Toulongeon.

(2) Ne pas confondre avec la M. E. des Villers (Fr. C) qui avaient pour Adage Accueillance, etc. Les Villiers-la-Faye sont titrés de marquis.

(3) On disait aussi *Fiefs de Neufchatel* à cause du grand nombre de fiefs que pos sédait cette maison. Voir : Outrecuidance.

(4) Le cri de cette maison était : Chatelvilain à l'arbre d'or. Le marquisat de Chatelvilain est passé plus tard, par mariage, dans la branche Franc-Comtoise de la famille de Watteville.

(5) On ne sait si cet adage s'applique aux Grimaud de Suisse (Pays de Vaud) ou aux Grimaud de Laras du Forez, ou aux Grimaud comtes d'Orsay.

(6) Voir : Arces.

(7) Chi-sey-Vanoz. Voir : *Hault à la main, Quand*.

(8) Ou Bréhant (marquis de).

(9) Gères de Camars &c.

(10) Nous avons donné p. 16 leur devise.

(11) Praroman a pour armes bizarres de sable à un squelette de poisson d'argent en pal.

(12) Rye de la Palud.

(13) Gentilhomme à lièvre, est le pauvre gentilhomme qui ne vit que de sa chasse.

(14) Gentillesse dans le sens de noblesse.

(15) Branche de l'ancienne et illustre maison de la Roche sur l'Ougnon, titrés de ducs d'Athènes. (V. Terre de Chauvirey, p. 66.)

Grand des *Porcellets* (1) (Prov.).
Grandeur d'*Alinges-Condrée* (Savoie, pays de Vaud).
Grandeur de *Vienne* (2) (Fr. C. M. E.).
Gravité d'*Arcussia* (3) (Prov.).
Gravité de *Montrichard* (4) (Fr. C.).

Hancunieux (5) de *Fertans* (Fr. C.).
Harcourt fit un Comte neuf. L'an mil trois cent trente-neuf
       (Normd) (6).
Hardiesse de *Boujaille* (Bourg.).
Hautesse du cœur de *Gingins* (Suisse, pays de Vaud) (7).
Haults à la main de *Chissey* (8) (Fr. C.).

Hier vacher,
Huy chevalier (9).

Honneur des *Villafans* (10) (Fr. C.).
Hospitalité d'*Aulbonne* (Suisse).
Hospitalité de *Gumoens* (11) (Suisse).
Hospitalité et bonté d'*Agoult* (Dauph.).
Humblesse de *Marnix* (Bourg.).

Il est gentilhomme comme le roi (12).

Il n'y a pas de plus belles armes que celles d'un vilain, il prend
celles qu'il veut (13).

---

(1) On disait aussi Grandeur des Porcellets. Les Porcellets, une des plus illustres maisons de la Provence, se divisent en plusieurs branches. Celle des Porcellets de la Maillane avait pour devise : *Gens Deorum, deinde genus Porcella-Maillana.*

(2) V. : Noble. Jouant sur le nom, les Vienne avaient deux devises : 1° *A bien vienne tout.* 2° *Tost ou tard vienne.*

(3) Baron de Fos, vicomte d'Esparron.

(4) Voir : Loyauté.

(5) Hancunieux pour Rancunieux.

(6) Jean IV, créé comte d'Harcourt-Beuvron, mais en mars 1338.

(7) Gingins de la Sarraz.

(8) Voir : Fous, et Quand.

(9) Huy pour aujourd'hui ; ce dicton doit être rapproché de celui que nous avons déjà donné : Cent ans bannière, etc.

(10) On écrit aussi Willafans.

(11) Voir : Amitié.

(12) « Quand M. de Vendôme fit signer les chefs de la noblesse espagnole en faveur de Philippe V, plusieurs ajoutèrent à leur signature : Noble comme le Roi. Le duc de Vendôme les laissa faire... on dit qu'il perdit patience lorsqu'un d'entre eux, allant encore plus loin que les autres, ajouta à la qualité de noble comme le Roi (Hidalgo como el Rey) et un peu plus ! (y un poco mas !) « Apparemment, seigneur « cavalier, dit le duc de Vendôme, vous ne révoquez pas en doute la noblesse de la « Maison de Bourbon, la plus ancienne de l'Europe entière ? Non, seigneur duc, reprit « l'Espagnol, mais Philippe V est Français, et j'ai l'honneur d'être Castillan !» (Dreux-Duradier).

(13) Voir : P. J. Le Roux, *Dictionnaire*, t. II, p. 587.

Il y a plus tost un sire de *Grasville* qu'un roy de France (1).
Inconstance des *Baux* (2) (Prov.).
Inconstance des *Réaulx* (3) (Nivernais, Champagne).
Indifférence des *Asperlins* (Suisse, pays de Vaud).
Ingéniosité d'*Oraison* (4) (Prov.).
Ingéniosité de *Falerans* (Fr. C.).
Insolence de *Rochefort* (5) (Bourg., Fr. C., Paris).

Jamais vilain n'aima noblesse.

> Je te donneray
> Les armes de *Waroquier* (6).

Joyeuseté de *Maréchal* (Bourg., Fr. C.).
Jugement de *Sacconay* (Suisse, Lyonnais).
Jurements de *Montaigu* (7) (Bourg., Fr. C.).

Lasciveté de *Joux* (8) (Fr. C.).
Léaleté de *Saint-Mauris* (9) (Fr. C., Bourg., Lorraine).
Légéreté de *Lubières* (Prov.).

> Le sire d'*Asnois* (M. E.)
> Est la fleur du Nivernois (10).

Les gentilshommes de *Beauce* se mettent à trois pour avoir une épée (11).

---

(1) La famille Malet de Graville et de Coupigny (Normandie, Jersey, Espagne). « Ceux de cette maison prétendent que Jules César leur donna la qualité de *sire*, d'où « est venu le vaudeville : «Il y a plus tost un sire de Grasville, etc. ». Voir Wulson de la Colombière. Le Roux de Lincy (*Livre des Proverbes*, t. II) donne cette variante : « Syre de Graville premier que roy de France ».

(2) De la même famille sont les Baux de Montecagioso, du royaume de Naples.

(3) Les marquis de Réaulx.

(4) On a écrit aussi Auraison.

(5) Titrés de comtes de Rochefort et de marquis de Luçay.

(6) Les Waroquier sont originaires de l'Artois; une branche, celle de Waroquier de Comble, est restée fixée dans la province; une seconde, celle de Waroquier de Puel-Parian, est établie à Toulouse; une troisième est du Rouergue. Toutes portent d'azur à la main appaumée d'argent, c'est-à-dire une main ouverte, montrant le côté de la paume. De ces armes vient le dicton qui a cours en Artois : Donner les armes de Waroquier, pour dire donner un soufflet.

(7) Ce dicton est rapporté par le marquis de Saint-Mauris, dans sa *Généalogie historique*. Mais il ne dit pas à quelle famille il s'applique. Or, il existe trois familles du nom de Montaigu en Franche-Comté et deux en Bourgogne, toutes cinq ayant des armes différentes.

(8) La famille de Joux, une des plus anciennes de la Comté, avait pour cimier un bœuf issant; aussi son cri de guerre (en apparence plus pantagruélique que martial) était-il : Du bœuf! — ou : Au bœuf!

(9) Saint-Mauris, dont nous avons donné plus haut (p. 16) les devises anciennes et modernes.

(10) Asnois ne se trouve ni dans le *Dictionnaire héraldique* de Grandmaison, ni dans l'*Armorial général* de Rietstap.

(11) Voir : C'est un gentilhomme de Beauce.

Les *Lezay*, dieux du Grand Vaux (1) (Fr. C.).
Les males gens de Brézé (Bourg) (2).
Le Tiers-Etat est le séminaire de noblesse.
Les *Valois* favorisent la noblesse, les *Bourbons* leurs valets.

> *Levezons, d'Estaing, Vezins*
> Hauts barons et mauvais voisins (3).

> Li *Bauffremont*,
> Li bons barons (4).

> Li vrais et bons noblois
> Sont tojours courtois.

Libéralité des *Villeneuve* (5) (Prov., Languedoc).
Longueur de temps n'esteint noblesse (6).
Loyal cœur de *Chastel-Guyon* (Bourg.).
Loyauté de *Montrichard* (7) (Fr. C.).
Loyauté de *Salvaing* (8) (Dauph.).

Magnanimité des *Fouquier* (Bourg.).
Margaige de *Chateauvert* (Bourg.).
Malice de *Barras* (9) (Prov.).
Ménage de *Faletans* (10) (Fr. C.).
Mesnage de *Loys* (Suisse, Lausanne).
Mieux vaut un courtois mort qu'un vilain vif.
Mine de *Theïs* (11) (Dauph.).
Momeries de *Mailley* (Fr. C.).

Naïveté de *Leugney* (Fr. C.).
Naïveté de *Mestral-Payerne* (12) (Suisse, Genevois).

---

(1) Les Lezay-Marnesia firent ériger leurs terres en marquisat en 1721 ; étaient-ils possesseurs du Grandvaux qui se trouve dans le Jura, comme le reste du marquisat? Nous l'ignorons.

(2) « Le chef de cette famille est cité tous les ans à la grande messe de Saint-Vincent de Mascon : on les appelle à haute voix en ces termes : « Mala gens Bersiaci ». P. Menestrier, *Recherches*, etc., T. II, p. 85.

(3) Ces trois familles sont du Rouergue.

(4) Voir : Clergie, Quand, Riches, etc.

(5) Très ancienne maison de Provence, issue d'Espagne, titrée de marquis en 1505. D'elle sont sortis les seigneurs des Arcs, de Trans, de Barreme, de Flayosc, d'Epinouse, de Vence, de Bargemont, de Vaucluse, d'Esclapons; a pour cri : *A tout !*

(6) Voir : Loysel, *Instit.*

(7) Voir : Gravité.

(8) A pour cri : *A Salvaing le plus Gorgias.* Tandis que nous avons perdu ce mot, les Anglais ont conservé l'adjectif gorgeous.

(9) Voir : Fallace et Vieillesse.

(10) A pour devise : *Une fois Faletans.*

(11) A rapprocher du dicton : Visage d'Altvillars.

(12) Voir : Richesse.

N'en déplaise à *Miollens*,
La Chambre passe devant (1).

N'est noble qu'à demy
Qui n'est de la race *du Puy* (2).

Noble de *Chateauroux* (3).
Noble de *Vassé* (4), (Maine).
Noble de *Vienne* (5), (Fr.-Cté. M. E.)
Noble est qui noblesse ne blesse ni n'oublie.
Noblesse de *Bonneval* (6), (Limousin).
Noblesse d'*Estavayé* (Suisse, pays de Vaud).
Noblesse de *Poitiers* (7), (Bourg).
Noblesse oblige.
Noblesse d'épée.
Noblesse d'écritoire, noblesse de robe (8).
Noblesse de soie, noblesse de laine (9).
Noblesse de bannière, noblesse de chaudière (10).

---

(1) « Ce proverbe se disait en Savoie, et ce fut peut estre la cause de la devise des Miollens : *Force m'est* — comme si elle eust voulu dire qu'il luy estoit force de ceder. » P. Menestrier, *Recherches*, II, 80. — La Chambre (également de Savoie) avait la même orgueilleuse devise que les Alleman du Dauphiné : *Altissimus nos fundavit!*

(2) « La maison du Puy, en Touraine, est bonne et ancienne, elle y a possédé la terre de Basché, ce qui a fait dire ce proverbe dans le canton où elle habitait. » (Note Mste de l'abbé de Villefoin dans Gaigniere.)

(3) Cet adage est peu clair ; les nobles de la ville de Châteauroux n'ont rien fait qui les signale : Ni Grandmaison, ni Rietstap, ni d'autres n'indiquent de famille noble de ce nom ; la duchée de Châteauroux fut créée en faveur (c'est le cas de le dire) d'Anne de Mailly par Louis XV et s'éteignit avec la favorite. Peut-être le véritable adage est-il celui donné par Chassant (Dictionnaire des Devises) : Les Berard, nobles de Châteauroux. Mais ces Berard sont bien inconnus.

(4) Voir l'adage complet au mot Pauvre.

(5) Voir : Grandeur.

(6) Voir : D'Escars.

(7) Famille de Bourgogne qui n'a rien de commun avec la capitale du Poitou.

(8) En France on appelait *noblesse d'épée*, celle qui n'avait point d'origine connue, ou qui avait commencé par les armes, quoiqu'elle eût souvent des services de robe. Ainsi, le garde des sceaux d'Argenson était d'épée ; *Noblesse de robe ou d'écritoire*, celle qui avait commencé par le parlement, soit dans la magistrature, soit dans le barreau. Le maréchal Catinat était de robe. La position occupée n'avait aucune importance quant à ces désignations. Voir : Seigneur de Parchemin.

(9) A Florence où la noblesse pouvait, devait même, se livrer au négoce, elle se divisait en *Noblesse de laine* et en *Noblesse de soie*, cette dernière, bien entendu, était plus relevée que la première.

(10) Il y avait en Espagne également et la *Noblesse de bannière* et la *Noblesse de chaudière*. L'une et l'autre étaient guerrières : La bannière, emblème du chef qui conduisait ses vassaux au combat ; la chaudière du chef qui les nourrissait pendant la campagne ; « de la vient que dans les royaumes de Castille, de Léon, d'Aragon, de Portugal, de Navarre plusieurs grandes familles portent tantôt des bannières, tantôt des chaudières (ou marmites) dans leurs armoiries, pour marque infaillible d'une noblesse illustre (Voir : Recherches historiques sur les dignités, et de la Roque, traité de la Noblesse — id traité des noms).

> Nulle noblesse
> De paresse.

Nul noble sans noblesse.

> Oignez vilain, il vous poingdra ;
> Poignez vilain, il vous oingdra.

Opinion de *Sade* (Prov.)
Oultrecuydance de *Neufchatel* (1), (Fr.-Cté, M. E.)

P... dise de *Castellane* (2), (Prov.)
P... dise de *Cicon* (Fr.-Cté, M. E.)

> *Pantes, Chambre* et *Tisons* (3)
> Sont d'Angoumois les anciennes maisons.

Parenté d'*Alleman* (4), (Dauph.)
Parenté de *Joffray* (Suisse, pays de Vaud).
Patelinage de *Raolin* (5), (Fr.-Cté).
Patenôtres de *Saint-Remy* (Bourg).
Pauvres de *Crozey* (6), (id.)
Pauvre comme un noble de la vallée de Quint (7).

> Pauvre *Maillé*
> Noble *Vassé*
> Riche *Bouillé* (8), (Maine).

> *Pecquigny, Moreuil* et *Roye*
> Sont ceints de même courroye
> Et feroient la guerre au Roy (9), (Pic.)

Pétulance des *Vy* (Fr.-Cté).
Piété d'*Achey* (10), (id.)
Piété de *Chaudieu* (Suisse, Vaud.)
Politique de *Cériat* (Suisse).
Preux de *Vergy* (11), (id.)
Prouesse de *Baumotte* (id. M. E.)

---

(1) V. : Fiers.

(2) V. : Dissolution.

(3) Tison d'Argence ; Pantes et Chambre, M. E.

(4) V. : Gare, Guerre... Querelle... et p. 17.

(5) Raolin, ou Raulin, ou Raoulin.

(6) V. : Quand...

(7) Nous avons expliqué ce dicton, p. 20.

(8) Dans la très ancienne maison de Bouillé, la branche aînée, titrée de marquis, appartient à l'Auvergne, les autres au Nivernais et au Maine; les Vassé et les Maillé à la Touraine et au Maine; le dicton est du Maine.

(9) Pecquigny ou Picquigny, Moreuil et Roye sont trois villes, dit Dielitz, qui portent toutes trois (entre autres) de gueules à la fasce d'argent. Fait curieux, par ordre du cardinal de Richelieu le dernier vers fut effacé partout où il avait été gravé. De la Roque, dans son traité du nom, établit que roye et courroye sont synonymes.

(10) Mis d'Achey, barons de Thoraire.

(11) V. : Aulmonerie...

Prouesse de *Terrail* (Dauph. M. E. en 1645).
Prudence de *Poloigny* (1), (Fr.-Cté).
Prudence de *Pontevez* (Dauph.)
Prudence de *Tavel* (Suisse, pays de Vaud).
Prud'homie de *Cabassole* (Prov. Comtat Venaissin).
Prud'homie de *Champdivers* (Fr.-Cté M. E.)

Quand *Bauffremont* vint en Comté (2)
Il trouva les riches de *Scey*
Avec les fous de *Chissey*
Et les pauvres de *Crosey*.

Quand les *Vergy* (3) en Comté se gittèrent
Fous de *Chissey*, pauvres de *Crosey* ils y trouvèrent (4).

Quand un *Davout* sort du berceau
Une épée sort du fourreau (5).

Qui a affaire aux *Espiard*
Il s'en repent tost ou tard (6).

Qui veut savoir des *Malain* la noblesse
L'aille chercher à *Genos* dans la Bresse (7)

Querelle d'*Alleman* (Dauph.), (8.)
Quand Adam beschoit et Ève filoit, qui estoit alors gentilhomme ? (9)

---

(1) Pour Poligny.

(2) V. : pour Bauffremont : Bon, Clergie, Li, etc.; pour Scey : Riches, Vanité; pour Chissey : Fous, Haults a la main.

(3) V. : Aulmonerie, Preux.

(4) « Il y eut en Franche-Comté deux familles de gentilshommes de nom et d'armes, qui furent toujours presque sans fortune et qui manquèrent d'illustration, bien qu'elles aient pris part aux croisades; c'étaient les Chissey et les Crosey ». V. La terre de Chauvirey par M. du Bouvot de Chauvirey, p. 48.

(5) Nous avons dit que Davout, duc d'Auerstaedt, était de cette famille bourguignonne.

(6) Famille de robe de Dijon, jadis très nombreuse, mais dont il ne reste plus qu'une seule branche.

(7) La famille de Malain (Bourg), s'est éteinte au commencement du XVIIe siècle : Odet de Malain épousa en 1470 Jeanne de Genod de Bresse ; de ce mariage, ce dicton.

(8) V. : Gare, Guerre, Parenté.

(9) Ce proverbe, qui a été le mot de ralliement des Jacques dans leurs insurrections en France, en Allemagne, en Angleterre, est rapporté par Palsgrave; voici la version anglaise :

When Adam digged and Eve span,
Who was then the gentleman ?

Rambures, Rubempré, Renty,
Belles armes et piteux ori. (1) (Pic.)

Rebenne de *Chaffoy* (Fr.-Cté).
Rebufferie de *Lavoncourt* (Fr.-Cté).
Reluisance de *Terrans*   (id.)
Renom de *Beaujeu* (2), (Fr.-Cté et Bourg.)
Ribauderie des *Vernois* (3) (Franche-Comté).
Riche vilain vaut mieux que pauvre gentilhomme (4).
Riches *Bouillé* (5), Maine.
Riches d'*Aperioculos* (Prov. M. E.) (6).

Riches de *Chalon* (7).
Nobles de *Vienne* (8).
Preux de *Vergy* (9).
Fiers de *Neufchatel* (10).
Et la maison de *Bauffremont*,
D'où sont sortis les bons barons (11)

Riches de *Scey* (12) (Franche-Comté).
Richesse de *Carman* (13) (Bret.).
Richesse de *Mestral-Aruffens* (Suisse, Genevois) (14).
Roberie des *Chalons* (15).

Sagesse de *Guiffrey* (Dauph.).
Sagesse de *Malprey* (16) (Franche-Comté).

---

(1) Pourquoi les Picard blâment-ils le cri de ces trois familles qui n'est pas plus singulier que celui des Ailly, des Mailly, etc. (voir Mailly plus haut), car nombre de gentilshommes criaient seulement leur nom. Qu'auraient dit ces censeurs des Van Cuyck de Brabant, qui criaient Cuyck (pronoacez Couic !) — Quant aux belles armes de ces trois maisons, Rambures (Mis de) porta jusqu'en 1676 de gueules à trois fasces d'or ; depuis d'or à trois fasces de gueules ; les Rubembré ont quitté la Picardie pour s'établir en Belgique, où ils sont titrés de prince, ils portent d'argent à trois jumelles de gueules ; Renty, enfin, d'argent à trois doloires (petites haches) de gueules.

(2) Il ne faut pas confondre ces Beaujeu avec les Beaujeu, princes de Dombes, M.E. Leurs armes étaient les mêmes, leurs devises : *A tout venant Beaujeu.*

(3) Du Vernois.

(4) Voir : Mieux vaut courtois vif.

(5) Voir : Pauvre, etc.

(6) Voir : Tricherie.

(7) Les Chalon étaient de Franche-Comté, ils portaient (comme les prince d'Orange) de gueules à la bande d'or ; il ne faut pas les confondre avec les Chalons (par un S à la fin du nom) de Lorraine et de Champagne.

(8) Voir : *Grandeur.*

(9) Voir : *Aulmonerie.*

(10) Voir : *Fiers et Oultrecuydance.*

(11) Voir : *Bon,* clergie.

(12) Voir : Vanité.

(13) Les Carman de Bretagne s'appellent Kermavan, Carman est le nom francisé.

(14) Voir : Naïveté.

(15) Voir : Riches.

(16) Ou Alemans de Malprey.

Sagesse des *Signeux* (Suisse, pays de Vaud).
Sagesse de *Simiane* (Prov.).
Saloperie de *Virchâtel* (Bourg. M. E.).
Seigneur de parchemin (1).

> S'en Arverny noublesso se perdio.
> A *Monmurat* ou *Naucasse* se troubario (2).

Simplesse de *Roverea* (Suisse, pays de Vaud, Berne).
Simplesse de *Sabran* (3) (Prov.).
Sottise de *Grasse* (Prov.).
Soubvenance de *Beaurepaire* (Franche-Comté, Bresse).
Spiéglerie de *Lombart* (4) (Franche-Comté, M. E.).
Subtilité de *Gérante* (Prov., M. E.).

> *Terny, Viry, Compey,*
> Sont les meilloux maisons du Genevey.
> *Salenove* et *Menton,*
> Ne les craignons pas d'un bouton (5).

Témérité et fierté des *Glandevez* (Prov., M. E.).
Toujours verts de *Macé* (6).
Tous les gentilshommes sont cousins, tous les vilains sont compères.
Tout ou rien contente *Melun* (Ile de France).
Tricherie de *Aperioculos* (7) (Prov., M. E.).
Tricherie de *Breuil* (8).
Troc de gentilhomme (9).

> Un noble, s'il n'est à la rose
> Vaut parfois bien peu de chose (10).

> Un seigneur de paille, de beurre ou de feure,
> Vainc et mange un vassal d'acier.

Un seigneur de paille met son vassal d'acier sur la table et le mange.

---

(1) Locution populaire et ironique qui s'employait pour désigner un homme de robe récemment anobli.

(2) Si en Auvergne la noblesse se perdait, à Monmura ou Naucasse, on la retrouvérait. Ces deux familles étaient des environs d'Aurillac.

(3) Voir: Courtoisie.

(4) Ne pas confondre les Lombart (par un T) avec les Lombard marquis de Montauron de Provence.

(5) Ces cinq familles sont du pays de Genève. Salenove s'écrit aujourd'hui Saleneuve, et Menton Menthon ; voir Guichenon, histoire de la Bresse.

(6) Pour Macé et pour Breuil, que Montail (qui rapporte ces deux dictons) donne sans désignation aucune, il est difficile de savoir quelles sont les familles visées.

(7) Voir : Riches.

(8) Voir plus haut : Toujours.

(9) Littré en rapportant ce dicton lui donne un sens défavorable à la noblesse ; Le Roux de Lincy, au contraire, dans son livre de proverbes, l'interprète tout autrement.

(10) Voir plus haut p. 21.

Un *Senor* en Espaigne,
Un *Maistre* (1) en Haute-Bretaigne (2),
Un *Monsieur* en la Franche Gaule,
Un *Fidargo* (3) en Portugale,
Un *Evesque* en Italie,
Un *Comte* en Germanie,
C'est bien triste compagnie.

Vaillance de *Blacas* (4) (Prov.).
Vaillance de *du Chastel* (5) (Bret.
Vaillance (ou vaillantise) de *Rupt* (F. C. M. E.).
Vaillance des *Sénarclens* (Suisse, pays de Vaud, Brabant).
Vanité de *Scey* (6) (Franche-Comté).
Vanité des *Sénarclens* (7).
Vanterie des *Bonifaces* (Prov.).

Ventadour vante (8).
Turenne règne,
Pompadour pompe,
Et *Chasteauneuf*
Ne les craint pas d'un œuf.

Vieillesse de *Barras* (9) (Prov.).

Vilain enrichi,
Ne cognait parent ne ami (xiiie siècle).

Vilain ne fera jamais beau faict (xve siècle).
Vilain ne scait ce que Esperons valent (10).
Visage d'*Altvillars* (11) (Dauph.).
Vivacité d'esprit de *Forbin* (12) (Prov.).

Vraie noblesse
Nul ne blesse.

---

(1) Master en anglais.

(2) Angleterre par opposition à Basse-Bretagne.

(3) Fidalgo.

(4) Voir : Damas.

(5) De cette famille était le fameux Tanguy du Chastel, qui prit si grande part au meurtre de Jean-sans-Peur. Les devises de ces du Chastel étaient : 1° *Da vad e teui* (tu viendras à bien) ; 2° *Mar car Doué* (s'il plaît à Dieu).

(6) Voir : Riches.

(7) Voir plus haut : Vaillance.

(8) Cette série de piètres jeux de mots est du limousin.

(9) Voir : Fallace. Vieillesse est ici synonyme d'antiquité.

(10) Voir la note p. 21.

(11) Voir : Mine.

(12) La famille de Forbin, dont était le célèbre chef d'escadre sous Louis XIV, compte de nombreuses branches ; dans le texte donné par Le Roux de Lincy, le nom est écrit Fourbin.

PARIS. — IMPRIMERIE CH. SCHLAEBER, 257, RUE SAINT HONORÉ.

www.ingramcontent.com/pod-product-compliance
Lightning Source LLC
LaVergne TN
LVHW012102030726
842523LV00002B/682